CIENCIA GRÁFICA

LECCIONES SOBRE LA SEGURIDAD EN EL TRABAJO CIENTÍFICO CON MAX AXIOM SUPERCIENTÍFICO

por Donald B. Lemke y Thomas K. Adamson

ilustrado por Tod Smith y Bill Anderson

Consultor:

Ron Browne, PhD

Profesor Adjunto de Educación Primaria

Minnesota State University, Mankato

CAPSTONE PRESS

a capstone imprint

Graphic Library is published by Capstone Press,
1710 Roe Crest Drive, North Mankato, Minnesota 56003
www.capstonepub.com

Copyright © 2013 by Capstone Press, a Capstone imprint. All rights reserved. No part of this publication may be reproduced in whole or in part, or stored in a retrieval system, or transmitted in any form or by any means, electronic, mechanical, photocopying, recording, or otherwise, without written permission of the publisher.

Library of Congress Cataloging-in-Publication Data
Lemke, Donald B., author.
[Lessons in science safety with Max Axiom, super scientist. Spanish]
Lecciones sobre la seguridad en el trabajo cientifico con Max Axiom, supercientífico/ por Donald B. Lemke y Thomas K. Adamson ; ilustrado por Tod Smith y Bill Anderson.
pages cm. — (Graphic library en espanol. Ciencia gráfica)
Audience: Grade 4 to 6
Includes index.
ISBN 978-1-62065-183-4 (library binding)
ISBN 978-1-62065-979-3 (paperback)
ISBN 978-1-4765-1622-6 (ebook PDF)
1. Science—Experiments—Safety measures—Comic books, strips, etc.—Juvenile literature.
2. Laboratories—Safety measures—Comic books, strips, etc.—Juvenile literature.
I. Adamson, Thomas K., 1970- author. II. Smith, Tod, illustrator. III. Anderson, Bill, 1963- illustrator. IV. Title.
Q182.3.L34718 2013
507.8—dc23 2012022632

Summary: In graphic novel format, follows the adventures of Max Axiom as he explains the importance of science safety—in Spanish

Art Director and Designer
Bob Lentz

Cover Artist
Tod Smith

Colorist
Otha Zackariah Edward Lohse

Spanish Book Designer
Eric Manske

Editor
Christopher L. Harbo

Translation Services
Strictly Spanish

Production Specialist
Laura Manthe

Printed in the United States 5914

TABLA DE CONTENIDOS

PREPARARSE PARA EL LABORATORIO---4

TRABAJAR DE FORMA SEGURA ---------- 8

CÓMO MANEJAR ACCIDENTES----------16

LIMPIEZA----------24

Más sobre Seguridad en el trabajo científico y Max Axiom.....28-29
Glosario..... 30
Sitios de Internet..... 31
Índice..... 32

SECCIÓN 1
PREPARARSE PARA EL LABORATORIO
Al sonar la campana de la mañana, el supercientífico Max Axiom empieza sus lecciones sobre la seguridad en el laboratorio de ciencias de las Escuelas Públicas de Newton.
ESCUELAS PÚBLICAS DE NEWTON
RRRIII

Está bien. De hecho, Billy recién nos enseñó una lección. La regla número uno en un laboratorio es preguntar a un adulto si tienes una pregunta.
Los experimentos científicos son divertidos, pero también pueden ser peligrosos. Hacer preguntas y seguir las reglas harán que tu día sea seguro y exitoso.
Siempre sigue las instrucciones de tu supervisor.
Usa la ropa correcta.
Aprende a usar el equipo de laboratorio correctamente.
Sabe cómo manejar una emergencia.
Nunca jueques en el laboratorio.
KLIK!
KLIK!
Ahora, volviendo al contenido del maletín. Para descubrir algo en ciencias, primero debemos observar.

Este maletín está lleno de equipo de seguridad. Las gafas de seguridad son posiblemente el artículo más importante. Nos protegen los ojos de salpicaduras y objetos voladores.
ROPA DE PROTECCIÓN PARA EXPERIMENTOS SEGUROS
Billy, ¿por qué no vienes adelante y te los pruebas?
Cada experimento requiere ropa de protección diferente.
ROPA DE PROTECCIÓN PARA EXPERIMENTOS SEGUROS
Este delantal nos protege el cuerpo y la ropa contra derrames. Estos guantes nos resguardan las manos contra gérmenes.
Hmmm... Tener el equipo correcto no es la única clave para la protección contra accidentes.
¡JA! ¡JA! ¡JA!
La ropa de laboratorio deber calzar adecuadamente. No debe ser abultada ni holgada.

Traigamos a mi amiga la Dra. Bergman al holograma. Nos puede enseñar aún más sobre la ropa de protección. Como bióloga, usa esta ropa todos los días.
¿Está ahí, Dra. Bergman?
¡Hola, Max!
Mientras estudiamos virus en el laboratorio, me visto adecuadamente para estar segura. Mis pies están cubiertos. Mi cabello está atado hacia atrás. Y mis mangas largas están enrolladas hacia arriba.
Pero, Max, sus estudiantes parecen estar más adelantados que yo.
!

Hemos leído todas las instrucciones y nos pusimos nuestra ropa de protección. ¿Estamos listos para empezar el experimento, Profesor Axiom?
Aún no.
Antes de entrar al laboratorio, guarden todo lo que no necesiten para el experimento, como abrigos o libros adicionales.
Estas cosas abarrotan las estaciones de trabajo y podrían causar accidentes.
También, nunca coman ni beban nada durante un experimento de laboratorio...
... incluyendo goma de mascar.
POP!

Los alimentos y las bebidas que se traen al laboratorio podrían contaminarse con gérmenes y hacerlos enfermar.
Recuerden, una estación de trabajo organizada es una estación segura.
Ahora creo que estamos listos para empezar.

Cada experimento es diferente. Siempre sigue las instrucciones de tu supervisor.
Muchos experimentos involucran trabajar con líquidos, polvos y químicos. Estos materiales pueden ser peligrosos si no se manejan adecuadamente.
¿Por qué es peligrosa una taza de sal común, Profesor Axiom?
¡Ah, otra buena pregunta!
Las sustancias a menudo se parecen. Tomen por ejemplo estos tres materiales blancos. ¿Cómo sabemos realmente qué contiene cada vaso de precipitados?

¡Déjeme olerlo!
Uh, eso es un gran riesgo. Los gases de algunos químicos pueden ser dañinos. No huelan nada sin permiso.
Lo más seguro es no usar una sustancia de un recipiente sin etiqueta.
OLER QUÍMICOS
Los químicos no deben ser olidos con la nariz directamente en ellos. La forma correcta es mover el aire con los dedos hacia la nariz para olerlos indirectamente.
Durante sus propios experimentos, etiqueten los recipientes antes de llenarlos con cualquier sustancia.
BICARBONATO DE SODA
AZÚCAR
SAL
Es una buena manera de aumentar su probabilidad de permanecer seguros.

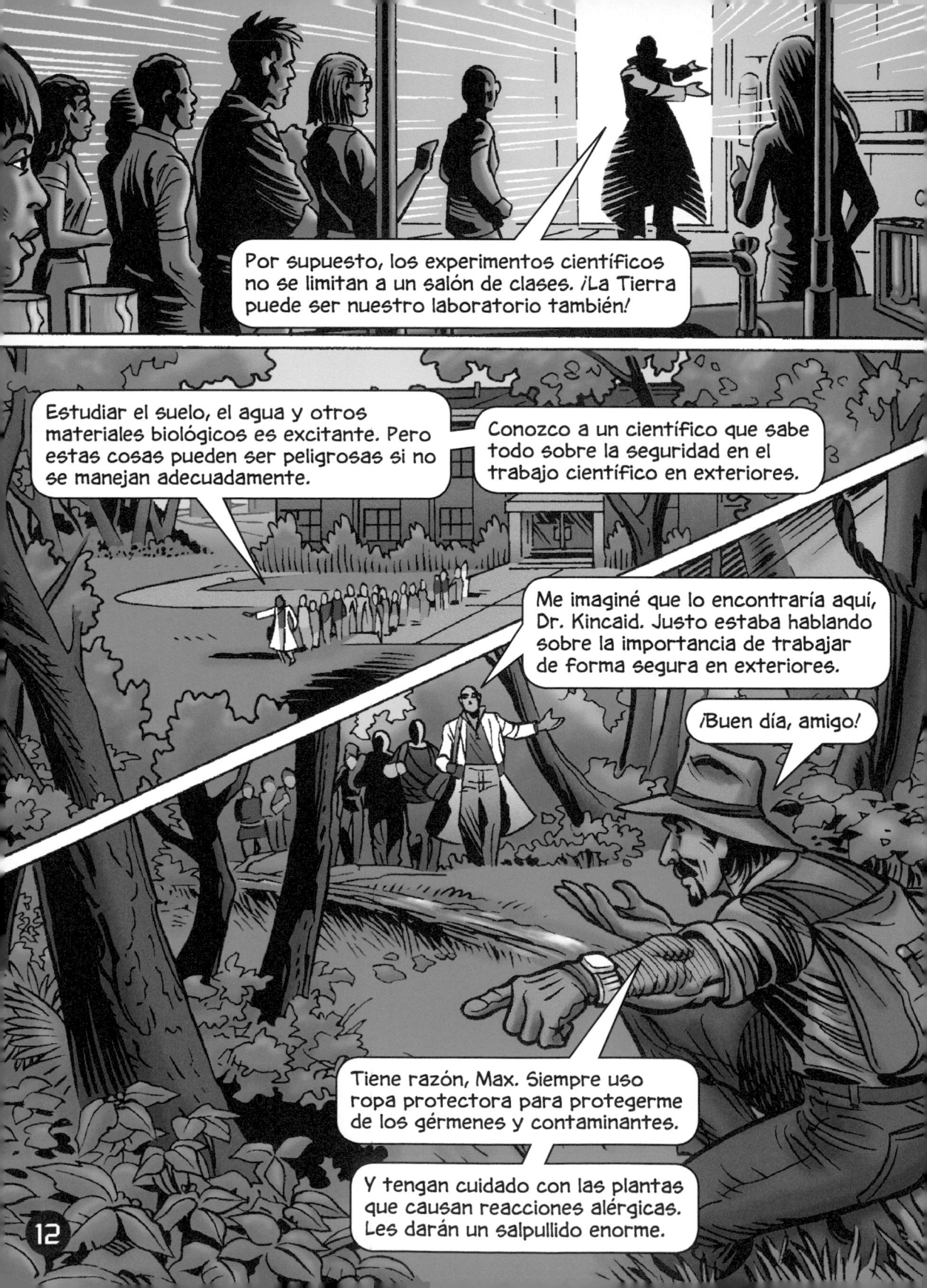
Por supuesto, los experimentos científicos no se limitan a un salón de clases. ¡La Tierra puede ser nuestro laboratorio también!
Estudiar el suelo, el agua y otros materiales biológicos es excitante. Pero estas cosas pueden ser peligrosas si no se manejan adecuadamente.
Conozco a un científico que sabe todo sobre la seguridad en el trabajo científico en exteriores.
Me imaginé que lo encontraría aquí, Dr. Kincaid. Justo estaba hablando sobre la importancia de trabajar de forma segura en exteriores.
¡Buen día, amigo!
Tiene razón, Max. Siempre uso ropa protectora para protegerme de los gérmenes y contaminantes.
Y tengan cuidado con las plantas que causan reacciones alérgicas. Les darán un salpullido enorme.

También, usen siempre los recipientes correctos para sellar cualquier espécimen que recolecten. Algunos deben estar bien ajustados mientras que otros necesitan aire para respirar.
¿Le parece que le gusta su nuevo hogar, Profesor Axiom?
Sí, ¡no quisiéramos que se muera!
Creo que le hemos dado el hábitat adecuado, Laura. Pero todos debemos ayudar a mantener su alimento y agua limpios.
Ustedes necesitan ser responsables con todos los experimentos científicos.

Ahora veamos los experimentos en los que están trabajando hoy. Tenemos nuestras instrucciones. Parece que va a ser un gran experimento.
¡Genial! ¿Vamos a poder comernos el chocolate una vez que terminemos?
Me temo que no. No pienses en esto como chocolate. Es un experimento científico. Y no comemos experimentos científicos.
¡Qué mala suerte!
Primero, vamos a calentar un vaso de precipitados en el calentador.
ON
OFF
Antes de enchufar el calentador, me tengo que asegurar que mis manos estén secas. Mientras esperamos que esto se caliente, veamos cómo un químico de sabores maneja esta situación.

¿Dra. López?
Hola, Max. Estoy probando una mezcla pegajosa para una paleta.
Tengo que quedarme aquí y mirar cómo se calienta. Nunca dejamos una fuente de calor desatendida.
Estoy probando sabores diferentes para ver cómo un calor más alto afecta a cada uno.
149° C
ANISE
VANILLA
MAPLE
Al igual que la Dra. López estamos usando vasos de precipitados de vidrio para calentar nuestra agua y chocolate.
Pero recipientes de porcelana o metal también pueden usarse para calentar sustancias.
Sin importar qué recipiente se use, debe tener una etiqueta que diga "resistente al calor".
RESISTENTE AL CALOR
Parece que tu agua está lista para el próximo paso del experimento.
¡Profesor Axiom!
Oh, oh. Mejor que vaya a ver qué está pasando allá.

¡Rápido, chico, límpialo!
¡Esperen un minuto! Necesitamos tratar a los derrames en el laboratorio de la misma manera, ya sea un químico o algo inofensivo como el agua. Y les apuesto que el calentador todavía está caliente, ¿no?
Sí, todavía está encendido y enchufado.
Muy bien. Procedan cuidadosamente porque puede ocurrir una descarga eléctrica si tocan un dispositivo mojado que todavía está encendido.
Y ni mencionemos el peligro de todo este vidrio roto.
EXIT
¿Me contacté con la oficina del conserje?
Sí.
Necesitamos su ayuda en el laboratorio de ciencias de la Sra. Williams.

¿Por qué simplemente no puedo desenchufar el calentador?
Porque la electricidad y el agua no se mezclan. El agua conduce la electricidad. Si desenchufan un cable eléctrico con manos mojadas, podrían electrocutarse.
DATO RÁPIDO:
El cuerpo humano está formado mayormente por agua. Por lo tanto tu cuerpo conduce electricidad. Es por eso que debes tener cuidado alrededor de dispositivos eléctricos.
Miren a la Dra. López.
Su estación de trabajo está organizada y seca. Aún si ella ha derramado algo, se limpió enseguida. Ese es un lugar seguro para hacer ciencias.

¿Usted es quien pidió ayuda?
Sí. Entre por favor. Llegó a tiempo para ayudarme con una rápida lección en seguridad.
Vamos a levantar el vidrio despacio y cuidadosamente para no cortarnos las manos.
Sí, señor. El vidrio roto es algo para tomar en serio.
He tenido algunos cortes bastante malos en mi día.

Cuando usan cuchillos, tienen que tener cuidado cuando cortan o pican algo en el laboratorio.
Déjenme demostrarles qué filoso es este cuchillo en un pelo de Billy.
PLOINK!
¡Eh!
Bien hecho cortando alejándose de las manos. Esa es la técnica correcta de cortado.
FRÍO
CALIENTE

Eventos inesperados pueden ocurrir de repente, como ya hemos visto.
Menos mal que nada o nadie se prendió fuego hoy.
Por ahora.
Correcto. Estamos preparados para todo, sin importar qué improbable sea.
¿Qué debemos hacer si hay un incendio?
Bueno, ¿el agua apaga el fuego, no?
Recuerden que el agua conduce la electricidad. Por lo tanto, nunca viertan agua en un fuego eléctrico.
Si algo se prende fuego, informen a su maestro enseguida. El maestro usará un extintor de fuego para apagar las llamas.
Por supuesto, si el fuego es grande y fuera de control, ¡salgan del edificio!

DETENTE, TÍRATE AL SUELO Y RUEDA

ACCESO AUTORIZADO: MAX AXIOM

Si tus ropas se prenden fuego, necesitas apagar las llamas rápidamente. Tres pasos sencillos pueden salvar tu vida. Deja de hacer lo que estabas haciendo. Tírate al suelo. Rueda tu cuerpo para apagar las llamas.

ALIDA
MANTA CONTRA FUEGO
TIRE HACIA ABAJO PARA ABRIR
EXTINTOR DE FUEGO
Su laboratorio de ciencias está lleno de equipos que los mantienen seguros.
En caso de fuego, no usen agua. Usen un extintor de fuego o una manta contra fuego. Estos dos artículos apagan un fuego.
Esto no es una fuente para beber. Es una estación para enjuagarse los ojos. Si algo entra en sus ojos, enjuaguen el ojo con agua por 15 minutos.

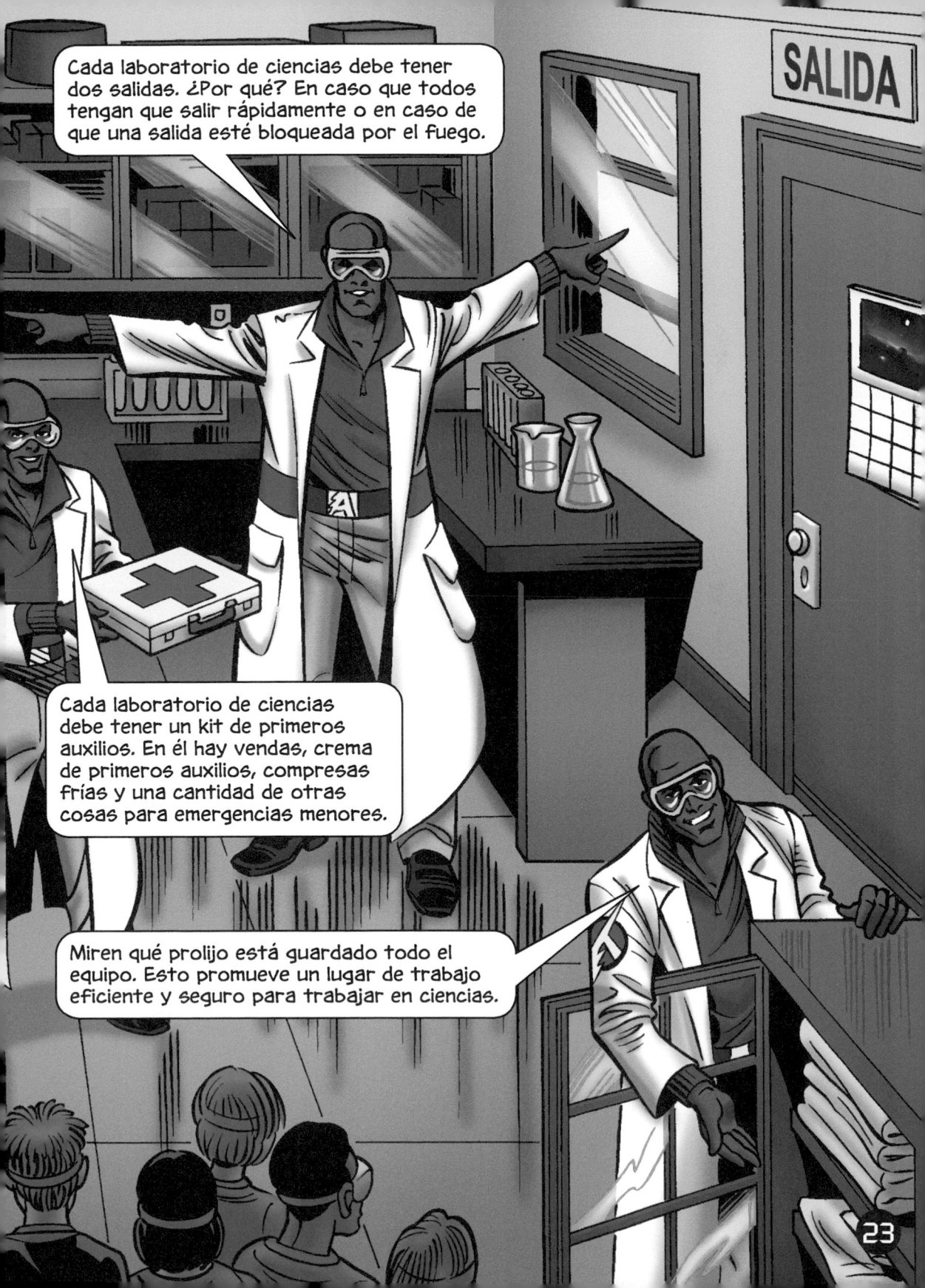
SALIDA
Cada laboratorio de ciencias debe tener dos salidas. ¿Por qué? En caso que todos tengan que salir rápidamente o en caso de que una salida esté bloqueada por el fuego.
Cada laboratorio de ciencias debe tener un kit de primeros auxilios. En él hay vendas, crema de primeros auxilios, compresas frías y una cantidad de otras cosas para emergencias menores.
Miren qué prolijo está guardado todo el equipo. Esto promueve un lugar de trabajo eficiente y seguro para trabajar en ciencias.

Es hora de terminar nuestros experimentos y empezar a guardar el equipo.
¿Saben por qué cada estación de trabajo debe limpiarse y guardar todo correctamente?
Es cortés para el próximo grupo de científicos.
Y es algo seguro de hacer.
Sra. Williams, ¿está bien verter el chocolate derretido en el desagüe?
DESECHOS DE LABORATORIO
No. Eso va en la cubeta de desechos de allá.

DESECHOS
LABORATOR
Está muy bien que hayas preguntado para estar seguro. Algunos artículos no pueden verterse en el desagüe.
Aún si algo parece inofensivo, podría haber una muy buena razón para no desecharlo en el fregadero. Este chocolate podría ser dañino para las tuberías de la escuela.
Todo debe desecharse correctamente. Los científicos tratan de mantener no solo las tuberías del edificio seguras sino también el medio ambiente.
BASURA
SÍMBOLOS DE PELIGRO
ACCESO AUTORIZADO: MAX AXIOM
INFLAMABLE
CORROSIVO
VENENOSO
PELIGRO BIOLÓGICO
FILOSOS
Los símbolos de peligro advierten a la gente que los químicos y objetos son peligrosos. Reconocer estos símbolos y permanecer lejos de los artículos a los que se aplican pueden mantenerlos seguros.

¡Buen trabajo, clase! Todo está de nuevo en su lugar correcto y listo para el próximo laboratorio.
KLIK!
Bueno, casi todo... ¡uff!
Antes del final de la clase, asegúrense de lavarse las manos. Aunque aparenten estar limpias, podrían tener gérmenes dañinos.
¡Deja de acaparar el jabón, Billy!
Bueno, creo que mi trabajo aquí terminó. Recuerden, sigan las lecciones aprendidas hoy y cada laboratorio puede ser seguro y divertido.
¡Chau!
CONSEJO RÁPIDO:
Reporta cortes o manchas en tu ropa o piel a tu supervisor.

Y no te olvides, cada salón de clases es diferente.
Siempre sigue las instrucciones de seguridad específicas de tu supervisor.
Cada experimento es una nueva experiencia. Nunca sabes qué sucederá a continuación.
!
WHHUMP!

MÁS SOBRE SEGURIDAD EN EL TRABAJO CIENTÍFICO

Antes de comenzar un experimento de laboratorio, asegúrate de comprender las instrucciones completamente. Si tu maestro explica las instrucciones, escucha atentamente. Haz preguntas si no entiendes. Si las instrucciones están escritas, léelas cuidadosamente y sigue cada paso exactamente. Si tienes preguntas durante el experimento, pregunta a tu maestro.

Puede que no estén de moda, pero las gafas de seguridad deben usarse en todo momento en el laboratorio. Para la mejor protección usa gafas que protegen tus ojos de salpicaduras químicas y objetos voladores. Estas gafas siempre están etiquetadas con el código ANSI Z87.1.

¡En este momento tu cuerpo tiene más gérmenes en él que la cantidad de personas que viven en Estados Unidos! Lavar tus manos por lo menos por 20 segundos es la mejor manera de prevenir que millones de gérmenes pasen a tu boca, nariz y ojos.

Los científicos medioambientales hacen pruebas del suelo y agua para detectar contaminantes. En 1989, el Exxon Valdez tuvo un accidente y derramó petróleo en Prince William Sound, Alaska. Usando ropas protectoras, los científicos medioambientales ayudaron a determinar los mejores métodos de limpieza. Con su ayuda, el área está lentamente volviendo a ser un medio ambiente saludable.

Aprender sobre animales es divertido, pero maneja animales de laboratorio solo si tu maestro te da permiso. Si un animal de laboratorio te muerde o rasguña, asegúrate de informar a tu maestro inmediatamente. Además, lava tus manos antes y después de tocar al animal. Lavar tus manos te protege de pasar gérmenes a otros o recibir gérmenes del animal.

Los científicos usan equipo de seguridad para el tipo de ciencias que están practicando. Los científicos que estudian volcanes algunas veces usan trajes plateados para todo el cuerpo. Estos trajes tiene un revestimiento metal que refleja el calor intenso de la lava derretida. Los científicos que estudian tiburones algunas veces usan trajes para tiburones cuando bucean. Estos trajes está hechos de malla de acero que protege contra mordeduras de tiburones.

Algunos guantes de protección están hechos de látex. Este material puede causar una reacción alérgica en algunas personas. Si experimentas un salpullido o picazón mientras usas guantes de látex, informa a tu supervisor.

MÁS SOBRE

Nombre real: **Maxwell J. Axiom**
Ciudad natal: **Seattle, Washington**
Estatura: **6' 1"** Peso: **192 lbs**
Ojos: **Marrón** Cabello: **No tiene**

Supercapacidades: Superinteligencia; capaz de encogerse al tamaño de un átomo; los anteojos le dan visión de rayos X; la bata de laboratorio le permite viajar a través del tiempo y el espacio.

Origen: Desde su nacimiento, Max Axiom parecía destinado a la grandeza. Su madre, una bióloga marina, le enseñó a su hijo sobre los misterios del mar. Su padre, un físico nuclear y guardabosques voluntario, le enseñó a Max sobre las maravillas de la Tierra y el cielo.

Un día durante una caminata en áreas silvestres, un rayo mega-cargado golpeó a Max con furia cegadora. Cuando se despertó, Max descubrió una nueva energía y se dispuso a aprender todo lo posible sobre la ciencia. Viajó por el planeta y obtuvo grados universitarios en cada aspecto del campo científico. Al volver, estaba listo para compartir su conocimiento y nueva identidad con el mundo. Se había transformado en Max Axiom, supercientífico.

GLOSARIO

el biólogo—un científico que estudia seres vivos

contaminado—sucio o no apto para el uso

corrosivo—capaz de destruir o consumir algo poco a poco

el espécimen—una muestra que un científico estudia de cerca

filosos—cuchillos, agujas y vidrio roto

los gérmenes—seres vivientes pequeños que causan enfermedades; bacterias y virus son dos tipos comunes de gérmenes

el hábitat—el lugar y las condiciones naturales donde vive un animal

inflamable—capaz de quemarse

el látex—un líquido lechoso que proviene de ciertas plantas; el látex se usa para hacer caucho

peligro biológico—un agente biológico, como la sangre o los fluidos corporales, que podrían transmitir enfermedades infecciosas

la porcelana—una cerámica dura que se hace vidriando y secando al horno la arcilla

el químico—un científico que estudia o trabaja con químicos

reacción alérgica—estornudar, ojos llorosos, inflamación o salpullidos causados por contacto con plantas, animales o la sustancias

venenoso—capaz de matar o hacer daño si se ingiere, inhala o toca

SITIOS DE INTERNET

FactHound brinda una forma segura y divertida de encontrar sitios de Internet relacionados con este libro. Todos los sitios en FactHound han sido investigados por nuestro personal.

Esto es todo lo que tienes que hacer:

Visita *www.facthound.com*

Ingresa este código: 9781620651834

ÍNDICE

accidentes, 6, 8, 16–23, 26, 28
  derrames, 6, 16
  fuegos, 20, 21, 22, 23
  quemaduras, 21
  vidrio roto, 16, 18
alergias, 12, 29
alimentos y bebidas, 8–9
animales, 13, 28

contaminantes, 12, 28
contenedores resistentes al calor, 15
cuchillos, 19

desperdicio de laboratorio, 24–25
detente, tírate al suelo y rueda, 21

electricidad, 16, 17, 20
emergencias, 5, 23
equipo de seguridad
  delantales, 6
  estaciones de enjuague de ojos, 22
  extintores de fuego, 20, 22
  guantes, 6, 23, 29
  kits de primeros auxilios, 23
  mantas contra fuego, 22
estaciones organizadas de trabajo, 8–9, 17, 24
etiquetar envases, 11
experimentos, 5, 6, 8, 10, 11, 12, 13, 14, 15, 24, 27, 28

filosos, 18–19, 25

gafas de seguridad, 6, 28
gases, 11
gérmenes, 6, 7, 9, 12, 26, 28

hacer preguntas, 5, 28

instrucciones, 5, 8, 10, 14, 27, 28

lavado de manos, 26, 28
limpieza, 24–25, 28

materiales biológicos, 12–13, 28

placa caliente, 14–15, 16, 17, 21

químicos, 10–11, 16, 25, 28

reglas, 5
ropa protectora, 6–7, 8, 12, 28, 29

salidas, 23
símbolos de peligro, 25

vaso de precipitados, 10, 14, 15